JULIANA

ROSANA NAVARRO
MARGARITA PÉREZ GARCÍA

Book design © 2018 Margarita Pérez García
Illustrations © 2018 Avoltha
Cover illustration © 2018 Avoltha
Cover design © 2018 Les Solot

ISBN-13: 978-0-473-41245-6
A catalogue record of this book is available
from the National Library of New Zealand.

First published in New Zealand in January 2018

«No tengo talentos especiales,
pero sí soy profundamente curioso»
Albert Einstein

—

CONTENIDO

Personajes	8
Cueva	13
Túnel	16
Luz	20
Atrapada	24
Microchip	26
Peligro	30
Vampiros	34
Explosivos	42
Plan	46
Cueva Juliana	50
Glosario	54
Gracias	60

PERSONAJES

Juliana es una murciélaga diferente. Juliana es blanca.
Juliana es albina. Es especial. Juliana escucha todo…
Es muy curiosa. Y tiene planes excelentes.

Juliana tiene un hermano. Es Sombra. Sombra no
es un murciélago blanco. Sombra es negro y pequeño.
Sombra es muy curioso.

Merlín es un murciélago grande. Es inteligente y tiene mucha autoridad.

El señor Rico es rico. El señor Rico tiene dinero, pero tiene un problema. El señor Rico quiere más dinero.

Salvador no tiene un problema, él tiene un perro.
El perro es Einstein. Einstein es muy inteligente.

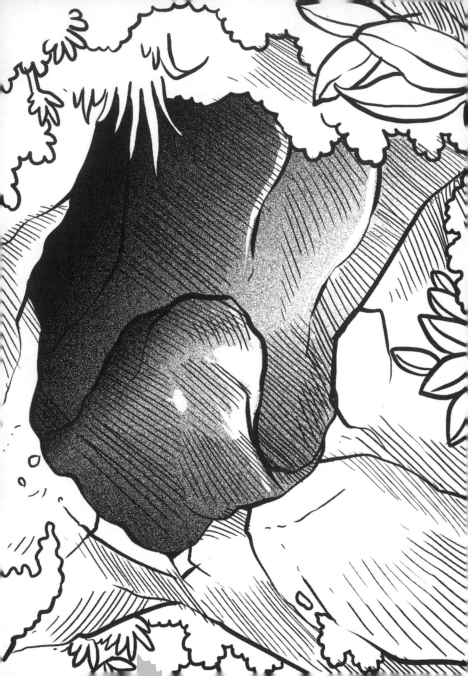

uno

CUEVA

En España, hay una cueva muy especial. Es una cueva negra y grande. La cueva tiene muchos animales. Tiene muchos murciélagos.

Es de día. Hay un silencio total en la cueva negra. Los murciélagos duermen. Todos duermen en silencio.

De repente, hay un sonido:

¡Pam, tatatatá! ¡Pam, tatatatá!

Es un sonido horrible. En la cueva negra, un murciélago blanco abre los ojos. Es Juliana, la albina.

Juliana abre los ojos, dos ojos rojos en la cueva negra. Juliana mira hacia una parte de la cueva. Mira hacia otra parte de la cueva. Mira hacia los otros murciélagos. Todos duermen.

Ella… no.

Juliana no duerme.

Juliana escucha el sonido horrible.

¡Pam, tatatatá! ¡Pam, tatatatá!

«¿Otra vez? ¡Otra vez, no!», piensa Juliana.

Juliana está irritada.

Mira hacia los otros murciélagos. Juliana piensa en las diferencias. Los otros no escuchan el sonido, ella sí escucha. Los otros sí duermen, ella no duerme. Los otros son negros, ella es blanca. Juliana es blanca y tiene los ojos rojos. Es albina. Es la albina.

¡**Ella** es la diferente!

¡Pam, tatatatá! ¡Pam, tatatatá!

«¿Qué sonido es? ¿Es un animal? —Juliana escucha el sonido horrible y no duerme— ¿Por qué todos duermen y yo no duermo?».

dos

TÚNEL

El sonido es más intenso:

¡Pam, tatatatá! ¡Buuuum!

«Hay un problema —piensa Juliana—. En la cueva hay muchos animales. Pero el sonido no es de un animal. Es un sonido diferente. No es normal».

Juliana es curiosa. Juliana quiere saber qué sonido es. Y Juliana tiene un plan. En la cueva hay un túnel. Es un túnel grande y negro. Juliana mira el túnel y escucha con atención. El sonido está en el túnel. Entonces, Juliana vuela hacia el túnel. Juliana vuela en secreto.

En la cueva, otro murciélago abre los ojos. Es Sombra, el hermano pequeño de Juliana. Sombra no duerme. Es curioso y tiene un plan.

Sombra, negro como la cueva negra, vuela en secreto hacia Juliana.

—Juliana, ¿tienes un plan? ¿Otro plan? —dice Sombra curioso.

—¡Shhhhhh! ¡Duerme! —dice Juliana irritada.

—¿Qué plan tienes? —dice su hermano.

—No es tu problema —le dice Juliana—. ¡Tú eres muy pequeño! ¡Adiós! —Y Juliana vuela hacia el túnel.

«¿Pequeño?», piensa Sombra muy irritado. Sombra es muy curioso y vuela detrás de Juliana en secreto.

Ahora Juliana está en el túnel… Delante todo es negro. Detrás todo es negro también. Y ahora el sonido es más intenso:

¡Pam, tatatatá!

¡Buuuum! ¡Buuuum!

Juliana escucha con atención…

Pero hay otro sonido. ¿Qué es? ¿Es Sombra?

¡Sí, es él! Sombra está también en el túnel. Ahora Juliana está muy irritada. Entonces Juliana vuela rápido hacia Sombra…

De repente hay una explosión:

¡Buuuum!

—¡Juliaaaaanaaaaa!

—¡Sombraaaaa!

¿Están atrapados?

tres

LUZ

Hay rocas por todas partes. Rocas, rocas y más rocas. Todo es negro en el túnel. De repente, hay una luz. Es una luz brillante. Excelente, no están atrapados. Juliana y Sombra vuelan hacia la luz brillante. No vuelan hacia la cueva. Vuelan hacia el sonido horrible.

Juliana escucha y mira hacia el sonido.

No es un animal. Es una máquina de metal.

No es una máquina. Son dos, son tres, son cuatro. Son muchas máquinas de metal. Son monstruos amarillos. Tienen ojos blancos y brillantes.

Juliana y Sombra miran hacia la montaña. Es una construcción. Hay personas por todas partes.

¡Es horrible!

Juliana mira hacia la luz. Pero Juliana tiene un problema. La luz es muy brillante. Y Juliana no puede ver bien. Entonces piensa rápido.

—¡Sombra, tengo un plan excelente! —dice Juliana. Sombra escucha con atención.

—Tú puedes ver muy bien. Vuela entre los monstruos. Vuela rápido hacia el otro túnel de la montaña —le dice Juliana a Sombra.

—¿Y tú? ¡Tú no puedes ver bien! —le dice Sombra.

—No hay problema. Tú vuelas delante y yo vuelo detrás —le dice Juliana a Sombra.

Entonces, Sombra vuela entre los monstruos de metal. Vuela hacia la montaña. Vuela rápido. Pero Juliana no puede ver bien y no vuela detrás de Sombra. Juliana vuela hacia la luz brillante. Y choca con la máquina de metal.

Ahora, todo es negro.

cuatro

ATRAPADA

Es el final del día. Hay mucho movimiento en la construcción. Pero no son las máquinas. Es el perro de la construcción. Es Einstein.

Einstein no es un perro normal. Es un perro especial. Es un perro muy inteligente y muy rápido también. Einstein corre todo el día. Corre por todas partes en la construcción y corre por la montaña también. Es un perro muy curioso.

De repente, Einstein no corre más. Einstein para y mira con atención hacia las máquinas de metal. Einstein puede ver dos animales. Un animal negro delante y un animal blanco detrás. El animal negro vuela entre las máquinas. Vuela rápido hacia la montaña. El animal blanco no vuela entre las máquinas. Vuela hacia la luz brillante. Y choca con una máquina de metal.

Einstein corre rápido hacia el animal blanco, pero no hay movimiento.

El animal blanco no abre los ojos…

Einstein piensa rápido. Piensa en la noche. Piensa en los animales grandes de la montaña en la noche. La noche es un peligro para los animales pequeños. Entonces Einstein abre la boca grande… Atrapa al animal blanco con la boca y corre.

Sombra está detrás de una roca en la montaña. Juliana no está detrás. Sombra mira hacia la construcción. Hay personas por todas partes, pero Juliana no está. Sombra mira con más atención…

¡Es horrible!

Juliana está atrapada en la boca de un perro.

—¡Nooo!

cinco

MICROCHIP

Einstein corre con Juliana en la boca. Corre rápido hacia una persona. Es Salvador, el ingeniero de la construcción.

—¡Einstein! ¿Qué tienes en la boca? ¿Qué es? Es un animal… —dice Salvador y mira con mucha atención—. ¡Es un murciélago!

Einstein abre la boca. Salvador atrapa al murciélago blanco con las manos. Einstein está irritado: ¡Grrr!

Una persona horrible va hacia Salvador. Es el señor Rico, el director de la construcción. El señor Rico mira a Einstein irritado. El señor Rico mira a Salvador. Mira al animal blanco en las manos de Salvador.

—¿Hay un problema? —dice el señor Rico.

—¡Sí hay un problema! Hay un murciélago en la construcción. Y si hay un murciélago, entonces hay muchos murciélagos. Hay una comunidad de murciélagos en la montaña. Hay una cueva en la montaña —dice Salvador.

—No es mi problema. Entonces no hay un problema. —dice el señor Rico.

—Pe-pe-pero es necesario parar la construcción de la autovía. —dice Salvador irritado.

—¿Qué? ¿Parar la construcción? —dice el Señor Rico más irritado— No, Salvador. ¡El tiempo es dinero! ¡Ahora no hay tiempo!

—¡Sí hay tiempo! ¡Necesito un día! En un día miro si hay más murciélagos —le dice Salvador.

—Un día, Salvador, tienes un día. No más. Si no hay otros murciélagos, entonces la construcción no para. ¡El tiempo es dinero!

El señor Rico va rápido hacia la construcción. No piensa en los animales. Piensa en el dinero.

Salvador va rápido hacia el laboratorio. Piensa en los animales y tiene un plan. Salvador quiere saber dónde están los murciélagos. Salvador quiere saber dónde está la cueva. Salvador piensa en las máquinas. Piensa en las explosiones. La comunidad de murciélagos está en peligro.

Salvador piensa en el murciélago blanco…

Si el murciélago tiene un microchip, entonces Salvador puede ver sus movimientos. Si el murciélago va hacia la cueva, entonces Salvador puede ver dónde está la cueva.

Juliana abre los ojos. Salvador va hacia Juliana con un microchip.

—¡Aghgggggh!

PELIGRO

Sombra vuela hacia el otro túnel. En el túnel, todo es negro. Hay rocas por todas partes. Hay rocas grandes y pequeñas. Hay muchas rocas. Sombra no puede volar entre las rocas. «¡No importa! Hay otro túnel», piensa Sombra.

Sombra vuela rápido hacia el otro túnel. Hay también muchas rocas. Pero también hay espacios muy pequeños entre las rocas. Entonces Sombra vuela entre las rocas con atención.

Al final del túnel está la cueva. ¡Excelente! Pero en la cueva todo es un caos. Es un caos total. Los murciélagos no duermen. Vuelan por todas partes. Vuelan hacia los túneles. Pero es imposible. Hay muchas rocas. Los murciélagos están atrapados en la cueva.

¡Es horrible!

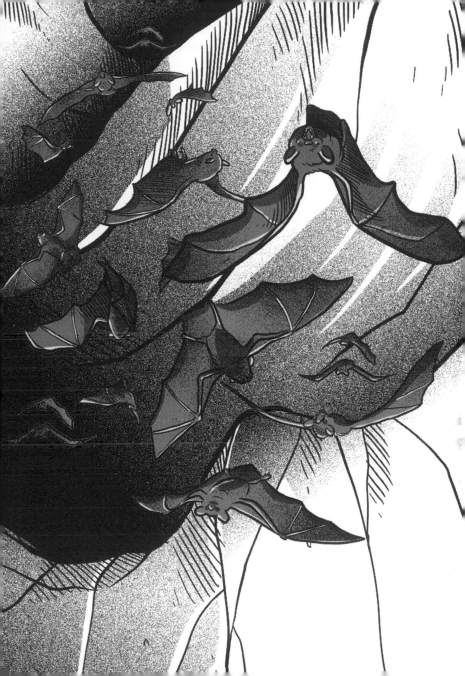

Sombra vuela rápido hacia un murciélago grande y dice rápido:

—¡Merlín! ¡Merlín! ¡Hay un problema! ¡Estamos atrapados! ¡Hay una construcción en la montaña! ¡Hay personas por todas partes!

—¡Silencioooo! —dice Merlín con autoridad. Todos los murciélagos miran a Merlín en silencio. —¿Y Juliana? ¿Dónde está tu hermana?

—¡Juliana está en la construcción! —dice Sombra.

—¿Qué? —dice Merlín.

Sombra escucha a los murciélagos de la comunidad.

—¿Juliana? —dice un murciélago.

—¿Quién es Juliana? —dice otro.

—La albina, la horrible —dice otro.

—Sí, la diferente —dice otro más.

—¿Ella? ¡Ella no es importante! Nosotros somos más importantes —dicen todos.

—¡Silencioooo! —dice Merlín irritado—. ¿Blancos? ¿Negros? ¡Todos somos importantes!

Merlín mira a todos los murciélagos de la comunidad irritado. Todos los murciélagos miran a Merlín en silencio. Merlín piensa: «Estamos atrapados. Es el final de la comunidad» y dice:

—Necesitamos un plan.

—¡Sí! ¡Necesitamos a Juliana! —dice Sombra—. Juliana tiene muchos planes diferentes. ¡Los planes de Juliana son excelentes!

—Sombra, vuela hacia Juliana. ¡Vuela rápido! Tú eres pequeño y no estás atrapado.

Sombra vuela hacia Juliana.

En la cueva el silencio es total.

siete

VAMPIROS

Es de noche. Juliana no está en la construcción. Está en una roca delante del túnel en la montaña. Pero no vuela. Juliana piensa: «Ahora tengo un microchip. Si vuelo hacia la cueva, entonces las personas de la construcción pueden ver mis movimientos… Pero la cueva es secreta. En la cueva no hay personas. ¡No! ¡No vuelo!».

Entonces Juliana piensa en las explosiones: «Pero necesito ver a Merlín. Merlín necesita saber que hay un problema. ¡La comunidad está en peligro! ¿Vuelo o no vuelo?». Entonces escucha…

—¡Juliana! ¡Juliana! ¡Rápido! Todos están atrapados. ¡Necesitamos un plan! —dice Sombra.

Juliana piensa rápido.

—¡**Vamos!** Tengo un plan. ¡Vuela como yo, vuela rápido!

Juliana vuela hacia la construcción. Sombra vuela detrás. Juliana y Sombra vuelan hacia Einstein. Pero el perro duerme. Entonces los dos murciélagos abren la boca. Abren la boca como vampiros. El sonido es horrible:

iiiiiiiiiiiiiiiiiiiiiiiiiiiiiiiiiiiiiiiiiii

Einstein abre los ojos: ¡Grrrr! Y corre detrás de los murciélagos.

35

Los dos murciélagos vuelan muy rápido. Ahora vuelan hacia Salvador. Pero Salvador duerme. Entonces los dos murciélagos abren la boca. Abren la boca como vampiros. El sonido es horrible:

iiiiiiiiiiiiiiiiiiiiiiiiiiiiiiiiiiiiiiiiiiiiiii

Salvador abre los ojos: ¡Aghgggggh!

38

Entonces Juliana y Sombra vuelan hacia el túnel. Einstein
corre detrás. Salvador corre detrás con una luz brillante.
Einstein y Salvador corren rápido hacia el túnel.

Salvador puede ver el túnel. Juliana y Sombra no vuelan más… Salvador puede ver las rocas. Hay rocas por todas partes. Es horrible: «Hay una cueva detrás de las rocas. ¡Hay una comunidad de murciélagos atrapada!», piensa Salvador.

Entonces Salvador corre muy rápido hacia la construcción. Einstein va con él. Corre detrás muy rápido también.

—Juliana—le dice Sombra irritado—.

¡Tu plan no es excelente!

ocho

EXPLOSIVOS

En la construcción está el señor Rico. El señor Rico mira hacia la montaña y piensa: «Un día, Salvador. Tienes un día. Ahora la construcción va más rápido y va con más explosiones. ¡El tiempo es dinero!».

Salvador corre otra vez hacia el túnel. Y corre más rápido. Tiene dos explosivos y piensa en el señor Rico: «¡El tiempo es dinero!».

En el túnel, hay rocas por todas partes. Pero no es un problema para Salvador. Salvador tiene dos explosivos pequeños. Juliana y Sombra miran los explosivos y están irritados.

—Uno, dos, tres... —dice Salvador y hay una explosión.

¡Buum!

En la construcción todos escuchan una explosión. Es una explosión pequeña pero el señor Rico piensa: «¡Excelente! ¡El tiempo es dinero!».

Juliana y Sombra pueden ver un movimiento. Son las rocas. Es Salvador. Salvador abre el túnel con los explosivos y dice:

—Rápido. Ahora no hay rocas. ¡Vamos rápido!

Los murciélagos vuelan. Salvador y Einstein corren detrás. Salvador corre hacia la cueva y puede ver la comunidad de murciélagos. Los murciélagos también pueden ver a Salvador.

Pero Salvador tiene un problema. Salvador piensa en el señor Rico. No hay más tiempo. La construcción no para. Las explosiones no paran. Las máquinas no paran.

La comunidad de murciélagos está en peligro.

Entonces Juliana tiene un plan excelente… Todos los murciélagos de la cueva vuelan hacia la construcción. En la construcción todos escuchan un sonido horrible:

••••••••••••••••••••••••••••••••••
iiiiiiiiiiiiiiiiiiiiiiiiiiiiiiiiii

De repente, hay muchos murciélagos. Es de día, pero todo está negro de murciélagos. El señor Rico puede ver los murciélagos y piensa: «¡Es imposible!».

Todos los murciélagos vuelan hacia el señor Rico.

Y Einstein corre detrás. ¡Grrr!

—¡Aghgggggh!

nueve

PLAN

Las autoridades están en la construcción y dicen:

—Hay un problema. Hay una cueva y hay una comunidad de murciélagos en la montaña.

—Sí. Los murciélagos son más importantes que la construcción —dice Salvador—. Necesitamos un plan de protección para los murciélagos.

Entonces las autoridades paran la construcción de la autovía unos días. La construcción es un peligro para los murciélagos. Es un peligro para todos los animales. Entonces Salvador piensa en un plan. Ahora sí tiene tiempo.

Salvador piensa en los murciélagos: «En la autovía hay muchos automóviles. En la noche los automóviles tienen luces blancas muy brillantes. En la noche los murciélagos vuelan hacia las luces brillantes. Y chocan con los automóviles. Es un problema».

Salvador piensa en los otros animales de la montaña: «En la autovía hay muchos automóviles. En el día y en la noche los animales corren en la autovía. Y chocan con los automóviles. Es otro problema. La autovía es un peligro para todos los animales».

Salvador tiene un plan. El plan es excelente. Tiene cuatro túneles especiales para los animales. Son pasos de fauna. Y también tiene una protección de metal en la autovía. Son redes de metal. Las redes son una protección para los murciélagos en la noche. Ahora los murciélagos no están en peligro.

—¡Vamos Sombra! ¡Rápido! —dice Juliana.

—¿Tienes otro plan? —dice Sombra curioso.

—¡Sí! ¡Vamos hacia los túneles especiales! Hay un sonido y quiero saber qué es…

—¿Otra vez? —dice Sombra curioso.

—Sí, pero ahora vuela tú delante.

epílogo
CUEVA JULIANA

La historia de Juliana y de Sombra es una historia de
ficción. Pero la historia de la cueva y de la construcción
no es ficción. Es realidad. En España, en Alicante, hay
una cueva muy especial. Es la Cueva Juliana.

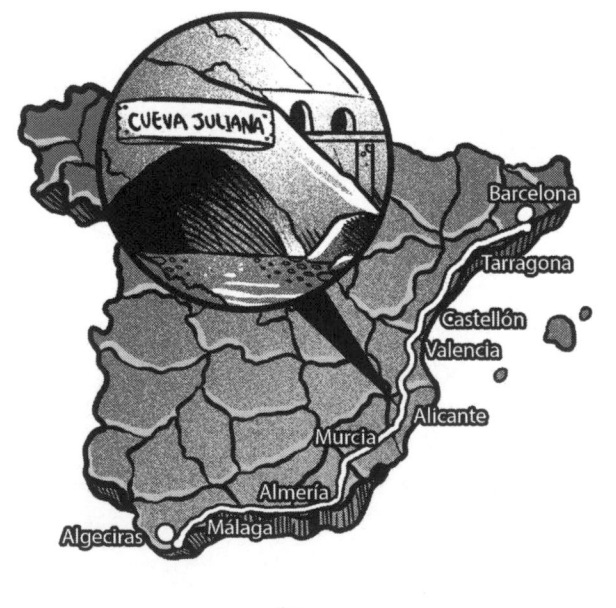

La cueva Juliana es una cueva especial porque tiene muchos animales. Hay especialmente murciélagos. Hay seis comunidades diferentes de murciélagos. Hay más de 700 murciélagos.

¡Hay muchos murciélagos!

En el 2011, hay una construcción muy grande en España. Es la construcción de la autovía del Mediterráneo. Es la autovía A7. La autovía va de Barcelona a Algeciras. Pero hay un problema. La construcción necesita mucho tiempo porque hay muchos murciélagos en la montaña. Y es necesario proteger a los murciélagos. ¡Los murciélagos son más importantes que la construcción!

Entonces los ingenieros de la construcción piensan en un plan especial. El plan tiene cuatro túneles especiales para los animales. Son pasos de fauna. Y también tiene una protección de metal en la autovía. Son redes de metal.

Las redes son una protección para los murciélagos en la noche. Entonces, los murciélagos no están en peligro y pueden volar en la montaña. No chocan con las luces brillantes de los automóviles. Es un plan excelente.

GLOSARIO

a - at, to

al - at the, to the

abre - s/he opens

abren - they open

ahora - now

albina - albino

Algeciras - a city in Spain

Alicante - a city in Spain

amarillos - yellow

animal - animal

animales - animals

atención - attention

atrapa - s/he traps

atrapada - trapped

atrapado - trapped

atrapados - trapped

automóviles - cars

autoridad - authority

autoridades - authorities

autovía - motorway

Barcelona - a city in Spain

bien - well

blanca - white

blancas - white

blanco - white

blancos - white

boca - mouth

brillante - bright

brillantes - bright

caos - chaos

capítulo - chapter

choca - s/he hits

chocan - they hit

como - like

comunidad - community

con - with

construcción - construction

corre - s/he runs

corren - they run

cuatro - four

cueva - cave

curiosa - curious

curioso - curious

de - of, from

del - of the, from the

delante - in front

delante de - in front of

detrás de - behind

día - day

días - days

   de día - during the day

dice - s/he says

   le dice - says to him/her

dicen - they say

diferencias - differences

diferente - different

diferentes - different

dinero - money

director - director

dónde - where?

dos - two

duerme - s/he sleeps

duermen - they sleep

duermo - I sleep

Einstein - 'Einstein',
   Salvador's dog

el - the

él - he

ella - she

en - in

entonces - then

entre - between

epílogo - epilogue

eres - you are

es - s/he is

escucha - s/he hears, listens

escuchan - they hear, listen

espacios - spaces

España - Spain

especial - special

especiales - special

especialmente - especially

está - s/he is

estamos - we are

están - they are

estás - you are

excelente - excellent

excelentes - excellent

explosión - explosion

explosiones - explosions

explosivos - explosives

fauna - fauna

ficción - fiction

final - end

grande - big

grandes - big

hacia - towards

hay - there is

hermano - brother

hermana - sister

historia - story

horrible - horrible

importa - it matters

importante - important

importantes - important

imposible - imposible

ingeniero - engineer

ingenieros - engineers

inteligente - intelligent

intenso - intense

irritada - irritated

irritado - irritated

irritados - irritated

Juliana - 'Juliana', albino
    female bat

la - the

las - the

le - him/her

le dice - says to him/her

los - the

luces - lights

luz - light

manos - hands

máquina - machine

máquinas - machines

más - more

Mediterráneo - the
    Mediterranean (Sea)

metal - metal

mi - my

mis - my

microchip - microchip

mira - s/he looks

miran - they look

mirar - to look

miro - I look

monstruos - monsters

montaña - mountain

movimiento - movement

movimientos - movements

mucha - a lot of

muchas - a lot of, many

mucho - a lot of, a lot

muchos - a lot of, many

murciélaga - female bat

murciélago - bat

murciélagos - bats

muy - very

necesario - necessary

necesita - s/he needs

necesitamos - we need

necesito - I need

negra - black

negro - black

negros - black

no - no, not

noche - night

normal - normal

nosotros - we

o - or

ojos - eyes

otra - other, another

   otra vez - again, once again

otro - other, another

otros - others

para - for

para - s/he stops

paran - they stop

parar - to stop

parte - side

partes - sides

   por todas partes - all over

pasos de fauna -

   wildlife crossings

peligro - danger

pequeña - small

pequeñas - small

pequeño - small

pequeños - small

pero - but

perro - dog

persona - person

personas - people

personajes - characters

piensa - s/he thinks

piensan - they think

plan - plan

planes - plans

porque - because

por qué - why?

problema - problem

protección - protection

proteger - to protect

puede - s/he can

pueden - they can

puedes - you can

que - that, who

qué - what?

quién - who?

quiere - s/he wants

quiero - I want

rápido - quick, rapid, fast

realidad - reality

redes - nets

de repente - suddenly

rico - rich

roca - rock

rocas - rocks

rojos - red

saber - to know

Salvador - 'Saviour', the good engineer working in the construction site

secreta - secret

secreto - secret

seis - six

señor Rico - 'Mr. Rich', the evil site manager

si - if

sí - yes

silencio - silence

somos - we are

son - they are

sonido - sound

Sombra - 'Shadow', Juliana's little brother, a very small black bat

su - her, their

sus - her, their

también - also

tengo - I have

tiempo - time

tiene - s/he has

tienen - they have

tienes - you have

todas - all

por **todas** partes - all over, everywhere

todo - all, every

todos - all, every

total - total

tres - three

tu - your

tú - you

túnel - tunnel

túneles - tunnels

un - a, an

una - a, an

uno - one

unos - some

va - s/he goes

vamos - we go, let's go

vampiros - vampires

ver - to see

otra **vez** - again, once again

volar - to fly

vuela - s/he flies

vuelan - they fly

vuelas - you fly

vuelo - I fly

y - and

yo - I

GRACIAS

Rosana y Margarita son las autoras de **Juliana**. Rosana y Margarita son profesoras, son buenas amigas y tienen una pasión en común: el español.

Rosana es de España, pero vive en Holanda. Rosana es profesora de español en Ámsterdam. Margarita es de Venezuela, pero vive en Nueva Zelanda. Margarita es profesora de español y de francés en Wellington.

En el 2017, Rosana y Margarita tienen una idea excelente: escribir un libro en español simple. Pero hay un problema. ¡Hay 12 horas de diferencia entre Rosana y Margarita! Cuando es de día para Rosana, es de noche para Margarita. Cuando es de día para Margarita, es de noche para Rosana.

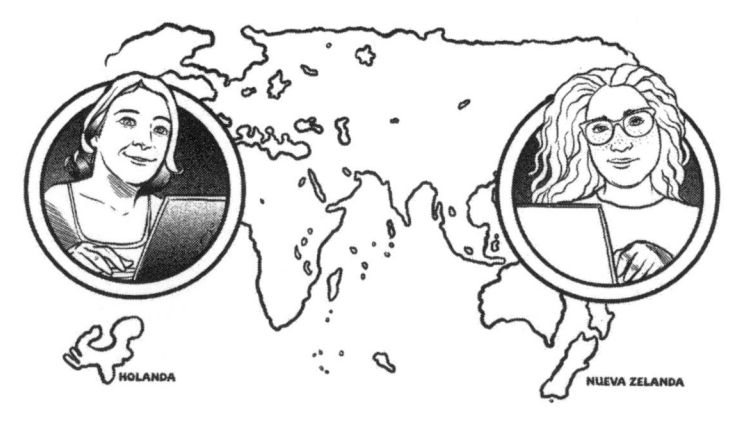

HOLANDA

NUEVA ZELANDA

Es una aventura de colaboración a distancia. Pero también es una aventura de colaboración con otras personas.

Entonces, Rosana y Margarita dicen:

- Gracias a **Forest** y a **Katelijn** por leer primero y tener ideas excelentes para el libro.
- Gracias a la familia de Rosana: **Hennie**, **Byron** y **Aitana** por leer y escuchar el libro muchas, muchas veces.
- Gracias a la familia de Margarita: **Inès** y **Margot** por leer y corregir. Y gracias a **Steven** por repetir, repetir y repetir: «¡Es importante terminar el libro!»
- Gracias a **Avoltha** por las ilustraciones.
- Gracias a **Anny Ewing** y **Ana Andrés** por la corrección profesional del español.
- Gracias a los estudiantes de Ámsterdam y de Wellington por sus observaciones excelentes.
- Gracias a los estudiantes y a los profesores en Agen en Francia por su entusiasmo con el libro.

Y a ti lector,

¡Gracias por leer Juliana!